Comité de Vigilance pour l'Application des Lois protectrices du Tra...

62, RUE DAMRÉMONT, PARIS — TÉLÉPHONE

Comment

s'appliquera la loi qui, à partir du 1ᵉʳ janvier 1915, interdit en France l'emploi du blanc de céruse.

TEXTES LÉGISLATIFS COMMENTÉS

à l'usage des Entrepreneurs de Peinture Français

ANNEXES

La réglementation transitoire

Quelques-unes des raisons qui provoquèrent l'interdiction

L'INTERDICTION DU BLANC DE CÉRUSE

Le 20 juillet 1909 fut promulguée la loi qui interdit l'emploi du blanc de céruse pour l'exécution des travaux de peinture, tant à l'intérieur qu'à l'extérieur des bâtiments. Cette loi, d'après son article 2, doit être appliquée à partir du *1er janvier 1915*, c'est donc à cette date, c'est-à-dire dans moins d'un an qu'entreront en vigueur les dispositions légales qu'elle comporte.

Au début, ces dispositions étaient renfermées dans les limites de la loi du 20 juillet 1909. Aujourd'hui, cette loi est abrogée, et les textes qui nous intéressent, sont devenus ceux des articles 78 à 80, titre II, chapitre IV, 93, 105, 107 et 111, titre III, chapitre II, 173, 176 à 179, 182, 184 et 186, titre IV, chapitre II et III du livre II du *Code du Travail*.

A l'énumération précitée, il convient d'ajouter l'article 90*b*, titre III, chapitre Ier, introduit dans le *Code du Travail* par la loi du 31 décembre 1912. Aux termes de son article 8, cette dernière loi est applicable six mois après la date de sa promulgation. Ayant été publiée au *Journal Officiel* le 3 janvier 1913, elle est donc en vigueur depuis le 4 juillet 1913 et les assujettis qui ne s'y conforment pas dès maintenant s'exposent à de désagréables sanctions.

L'ARTICLE 90*b* (sur les états de chantiers)

Nous ne pouvons mieux faire que de reproduire ici le texte même de cet article. Le voici :

« Les chefs des établissements énumérés à l'article 65 (en l'espèce qui nous préoccupe, les entrepreneurs de peinture) doivent établir une liste de leurs chantiers temporaires et tenir cette liste à la disposition de l'Inspecteur du travail, au siège de leur établissement.

« Ils doivent, en outre, aviser par écrit l'Inspecteur du travail de l'ouverture de tout chantier occupant dix ouvriers au moins pendant plus d'une semaine. »

La clarté de ce texte dispense de commentaire, mais nous retenons ici l'attention des entrepreneurs pour leur faire remarquer que si avant l'institution des « états de chantiers » l'on pouvait encore douter de l'application des dispositions légales qui visent le blanc de céruse, il ne saurait en être de même aujourd'hui.

Seule, sous le régime antérieur, l'ignorance où étaient les Inspecteurs du travail des lieux où sont employés les ouvriers peintres faisait obstacle à l'application de la loi contre la céruse. Cet obstacle n'existant plus, il convient de se préparer dès maintenant à la réalisation de la réforme votée par le Parlement républicain.

ARTICLES 78, 79 et 80 (titre II, chapitre IV, du livre II du Code du Travail)

(Dispositions spéciales à la Céruse)

Ces articles sont ceux qui reproduisent les dispositions de la loi abrogée du 20 juillet 1909.

« **Art. 78.** — Dans les ateliers, chantiers, bâtiments en construction ou en réparation et généralement dans tout lieu de travail où s'exécutent les travaux de peinture en bâtiments, les chefs d'industrie, directeurs ou gérants sont tenus, *indépendamment des mesures prescrites en vertu du chapitre Ier du présent titre*, de se conformer aux prescriptions suivantes :

« **Art. 79.** — A partir du 1er janvier 1915, l'emploi de la céruse de l'huile de lin plombifère et de tout produit spécialisé renfermant de la céruse est interdit dans tous les travaux de peinture, de quelque nature qu'ils soient, exécutés par les ouvriers peintres, tant à l'intérieur qu'à l'extérieur des bâtiments.

« **Art. 80.** — Un règlement d'administration publique indique, s'il y a lieu, les travaux *spéciaux* pour lesquels il peut être dérogé aux dispositions précédentes. »

Les obligations prescrites en vertu du chapitre Ier, titre II, du *Code du Travail*, dont traite l'article 78, visent les mesures générales de sécurité prévues par la loi, aujourd'hui abrogée, du 12 juin 1893, sur l'hygiène et la sécurité des travailleurs dans les ateliers, comme, par exemple, les précautions à prendre dans les établissements fonctionnant par des appareils mécaniques, celles ayant pour but d'éviter les risques que font courir au personnel les puits, trappes, ouvertures, les appareils de transmission et aussi l'éclairage, la ventilation, l'aération, les fosses d'aisance, l'évacuation des poussières et autres choses n'ayant qu'un lointain rapport avec l'industrie de la peinture en bâtiments et, pour le moins, avec l'objet qui nous préoccupe principalement.

L'article 79 ne nécessite aucun commentaire.

L'article 80, qui a trait aux dérogations possibles, ne sera certainement jamais appelé à fonctionner, en tout cas, il est complété par l'article 186, titre IV, chapitre III, qui est ainsi conçu : « Les règlements d'administration publique prévus par les articles 67 et 80 sont rendus **après avis du Comité consultatif des Arts et Manufactures.**

« Le Conseil supérieur d'Hygiène publique, en ce qui concerne les règlements généraux prévus sous le n° 1 de l'article 67, **et la Commission d'Hygiène industrielle en ce qui concerne le règlement prévu par l'article 80, sont en outre appelés à donner leur avis. »**

Ce qui signifie qu'aucune dérogation concernant l'introduction du blanc de céruse, ne pourra être accordée sans avis favorable : 1° du Comité consultatif des Arts et Manufactures ; 2° de la Commission d'hygiène industrielle, et 3° sans l'acquiescement du Ministre du Travail.

L'article 93 charge les Inspecteurs du travail de l'application de la loi.

L'ARTICLE 105 (constatation des infractions titre III, chapitre II, du Code du Travail)

Il s'agit du droit pour les Inspecteurs du travail de pénétrer dans les établissements où ils ont à exercer leur surveillance. Cet article 105 est ainsi conçu :

« Les Inspecteurs ont entrée dans tous les établissements visés par les dispositions dont ils ont à assurer l'exécution, à l'effet d'y procéder à la surveillance et aux enquêtes dont ils sont chargés.

« Toutefois, dans les cas où les travaux de peinture visés à l'article 78 sont exécutés dans des **locaux habités**, les inspecteurs ne peuvent pénétrer dans ces locaux qu'après y avoir été autorisés **par les personnes qui les occupent.** »

L'interprétation jurisprudente de cet article comporte des distinctions qui, d'apparence subtile, n'en sont pas moins pour cela fort simples.

Il est avéré que l'intention du législateur a été, en cette circonstance, de mettre les personnes dont on répare les habitations à l'abri d'intrusions qui risqueraient parfois d'être intempestives, de· Inspecteurs du travail. L'expression *locaux habités* et celle *personnes qui les occupent* doivent donc, de l'avis des juristes les plus compétents en l'espèce, être interprétés dans leur sens le plus strict. Exemple : l'escalier d'une maison habitée par plusieurs locataires, et où les peintres sont occupés, un appartement qu'on répare en l'absence de ses habitants ordinaires, un bâtiment neuf dans toutes ses parties, un hôtel particulier qu'on répare en l'absence de ses occupants, ne peuvent être considérés comme *locaux habités*. Par *personnes qui les occupent*, il faut entendre non les propriétaires, clients habituels des entrepreneurs, qu'ils seraient parfois disposés à protéger, mais les habitants, propriétaires ou non, c'est-à-dire, dans l'immense majorité des cas, les locataires desquels les inspecteurs du travail n'ont guère à craindre les refus.

Dans la pratique, voici comment les choses se passeront :

L'inspecteur du travail ayant appris par la consultation de l'état de chantiers existant chez l'entrepreneur de peinture, qu'un ou plusieurs ouvriers sont occupés chez un particulier à réparer son appartement, se présentera chez ce particulier et lui tiendra ce langage : « Monsieur, ou Madame, je suis l'Inspecteur du travail et je viens me rendre compte s'il n'est pas employé de blanc de céruse pour les peintures qu'on exécute dans votre appartement. J'en ai pour deux minutes. »

A noter, en terminant, que les travaux de peinture ne s'exécutent que très exceptionnellement dans des locaux habités, et que l'Inspecteur du travail a d'autres moyens d'investigation que la constatation directe; que, d'autre part, la peinture restant sur les objets peints, des contraventions peuvent être dressées longtemps après l'exécution des travaux, toutes considérations que nous croyons devoir signaler en faveur du respect spontané par nos entrepreneurs, de la loi qui prohibe l'usage de la céruse.

ARTICLES 107 et 111 (titre III, chapitre II
du Code du Travail)

Ces deux articles ne nécessitant pas de commentaires, nous nous bornons à en reproduire les textes :

« **Art. I07.** — Les Inspecteurs du travail constatent les infractions par des procès-verbaux qui font foi jusqu'à preuve contraire.

« Ces procès-verbaux sont dressés en double exemplaire dont l'un est envoyé au Préfet du département et l'autre déposé au Parquet.

« **Art. 111.** — Les dispositions du présent chapitre ne dérogent point aux règles du droit commun quant à la constatation et à la poursuite des infractions par les commissaires de police ou autres officiers de police judiciaire. »

ARTICLE 173 (titre IV, chapitre II, du Code du Travail,
Des Pénalités)

Remarquons d'abord que les dispositions spéciales à l'interdiction de la céruse forment à elles seules le chapitre IV du titre II du livre II du *Code du Travail*; puis, lisons l'article 173 du même Code :

« **Art. 173.** — Les chefs d'établissements, directeurs, gérants ou préposés qui ont contrevenu aux dispositions des *chapitres Ier et IV du titre II du présent livre* et des règlements d'administration publique relatifs à leur exécution sont poursuivis devant le tribunal de simple police et punis d'une amende de 5 à 15 francs.

« L'amende est appliquée autant de fois qu'il y a de contraventions distinctes constatées par le procès-verbal, sans toutefois que le chiffre total des amendes puisse excéder 200 francs. »

ARTICLE 176 (titre IV, chapitre II, du Code du Travail,
Récidives)

Voici cet article :

« **Art. 176.** — En cas de récidive, le contrevenant est poursuivi devant le tribunal correctionnel et puni d'une amende de 50 à 500 francs, sans que la totalité des amendes puisse excéder 2,000 francs.

« Il y a récidive lorsque le contrevenant a été frappé, dans les douze mois qui ont précédé le fait qui est l'objet de la poursuite, d'une première condamnation pour infraction aux dispositions visées dans l'article 173. »

ARTICLES 177, 178 et 179 (titre IV, chapitres II et III du
Code du Travail; travaux administratifs, obstacles à l'ac-
complissement de la mission des Inspecteurs du travail).

L'article 177 institue un régime spécial pour les travaux de l'État; en vertu de ses dispositions, l'emploi de la céruse reste bien interdit pour les dits travaux comme pour ceux des particuliers, mais les sanctions sont fixées par l'administration intéressée.

Voici les textes des articles 178 et 179 :

« **Art. 178.** — Sont punis d'une amende de 100 à 500 francs et en cas de récidive, de 500 à 1,000 francs, tous ceux qui ont mis obstacle à l'accomplissement des devoirs d'un inspecteur.

« **Ar. 179.** — Les dispositions du Code pénal qui prévoient et répriment les actes de résistance, les outrages et les violences contre les officiers de police judiciaire sont, en outre, applicables à ceux qui se rendent coupables de faits de même nature à l'égard des inspecteurs du travail. »

Voici les dispositions du Code pénal, auxquelles il est fait allusion ci-dessus :

« **Art. 209 du Code pénal.** — Toute attaque, toute résistance avec violences et voies de fait envers les officiers ministériels..... les officiers ou agents de la police administrative ou judiciaire agissant pour l'exécution des lois, est qualifiée, selon les circonstances, crime ou délit de rébellion. »

« **Art. 230 du Code pénal.** — Les violences ou voies de fait (même sans armes) dirigées contre un officier ministériel, un agent de la force publique ou un citoyen chargé d'un ministère de service public, si elles ont eu lieu pendant qu'ils exerçaient leur ministère ou à cette occasion, seront punies d'un emprisonnement d'un mois au moins et de trois ans au plus, et d'une amende de 16 à 500 francs. »

ARTICLE 184 (titre IV, chapitre III, du Code du Travail, Responsabilités des chefs d'entreprises)

Il suffit de citer cet article.

« **Art. 184.** — Les chefs d'entreprise sont civilement responsables des condamnations prononcées contre leurs directeurs, gérants ou préposés.»

ARTICLE 182 (titre IV, chapitre III, du Code du Travail, Circonstances atténuantes)

Cet article excepte du bénéfice des circonstances atténuantes les infractions aux prescriptions des articles 78, 79 et 80 qui interdisent l'usage de la céruse.

En voici le texte :

« **Art. 182.** — L'article 463 du Code pénal sur les circonstances atténuantes est applicable aux condamnations prononcées en vertu du présent titre sauf dans les cas des articles 1 à 5... 89, 90 et 91 et des articles 79 à 80 concernant l'emploi de la céruse. »

Telles sont aussi clairement exposées que possible les dispositions auxquelles, dès le 1er janvier 1915, les entrepreneurs de peinture devront se conformer en France.

Nous avons pensé répondre à un réel besoin des intéressés en publiant ce fascicule.

LE COMITÉ.

ANNEXES

—

A titre documentaire, donnons ici le texte d'une circulaire adressée le 27 octobre 1913, par M. le Ministre du Travail, aux inspecteurs divisionnaires du travail, à propos de l'application des dispositions légales concernant la céruse.

RÉPUBLIQUE FRANÇAISE — Circulaire du 27 octobre 1913
MINISTÈRE DU TRAVAIL ET DE LA PRÉVOYANCE SOCIALE (DIRECTION DU TRAVAIL). 2ᵉ BUREAU

Le Ministre du Travail et de la Prévoyance sociale,
à Messieurs les Inspecteurs divisionnaires du travail.

Aux termes de l'article 79 du Livre II du *Code du Travail*, l'emploi de la céruse, de l'huile de lin plombifère et de tout produit spécialisé renfermant de la céruse, est interdit dans tous les travaux de peinture en bâtiment à partir du 1ᵉʳ janvier 1915.

Ce délai a été imparti par la loi du 20 juillet 1909, afin de permettre aux industriels intéressés de prendre les dispositions nécessaires pour substituer aux produits toxiques interdits des succédanés inoffensifs pour la santé des travailleurs appelés à s'en servir.

Or, il résulte des rapports qui m'ont été fournis par les Inspecteurs du travail que, dans quelques régions, les entrepreneurs de peinture n'ont pris encore aucune mesure en vue de cette substitution. D'après les indications qui me sont parvenues, cette inaction serait due, en partie, au bruit qui serait répandu que l'article 79 du Livre II du *Code du Travail* n'entrerait pas en vigueur à la date fixée et que de nouveaux délais seraient accordés.

Ce bruit est absolument sans fondement. Le Département du Travail a trop le souci de l'hygiène des travailleurs pour retarder encore, après l'expiration du long délai qui a été jugé suffisant, l'application d'une disposition destinée à prévenir les intoxications dont les ouvriers sont victimes du fait de l'emploi de produits dont il s'agit. Les statistiques des cas de saturnisme constatés dans les hôpitaux de Paris, que le Bulletin de l'Inspection du Travail a récemment publiés, permettent de se rendre compte combien ces intoxications sont encore nombreuses, en dépit des précautions prises, parmi les peintres en bâtiment.

Je suis donc fermement décidé à m'en tenir aux termes de la loi et à appliquer, dès le 1ᵉʳ janvier 1915, l'article 79 du Livre II du *Code du Travail*.

Je vous prie de vouloir bien en informer le plus tôt possible tous les entrepreneurs de peinture de votre Circonscription afin qu'ils prennent d'ici là leurs dispositions pour se conformer à la loi.

En attendant le 1ᵉʳ janvier 1915, date à laquelle les Inspecteurs du travail seront légalement armés pour exiger la suppression de la céruse et des autres produits nocifs interdits par l'article 79 précité, ils ne devront pas cesser de veiller à l'observation des prescriptions du décret du 1ᵉʳ octobre 1913 relatif à l'emploi de la céruse dans les travaux de peinture (anciens décrets des 18 juillet 1902 et 15 juillet 1904).

Il ne vous échappera pas que le contrôle de l'application du décret du 1ᵉʳ octobre 1913 sur l'emploi de la céruse sera grandement facilité par l'article 90 b. du Livre II du *Code du Travail*, entré en vigueur le 4 juillet dernier. Cet article prévoit, vous le savez, l'obligation pour les chefs d'établissements énumérés à l'article 65, et en particulier pour les entrepreneurs de peinture, d'établir une liste des chantiers temporaires et d'aviser par écrit l'Inspecteur du travail de l'ouverture de tout chantier occupant dix ouvriers au moins pendant plus d'une semaine.

Les inspecteurs devront tenir tout particulièrement la main à ce que ces prescriptions soient observées en exigeant des entrepreneurs l'établissement des listes de chantiers et les avis d'ouverture de chantiers ci-dessus prévus. Le service utilisera les renseignements ainsi fournis pour visiter ces chantiers et y assurer la stricte application du décret du 1er octobre 1913; les observations et les mises en demeure seront inscrites sur le registre d'atelier au siège de l'entreprise.

Vous trouverez ci-joint un nombre suffisant d'exemplaires de la présente circulaire, destinés aux Inspecteurs placés sous vos ordres.

*Le Ministre du Travail
et de la Prévoyance sociale,*
HENRY CHÉRON.

Voici les dispositions **immédiatement** applicables du décret du 1er octobre 1913, auquel il est fait allusion dans la précédente circulaire.

MINISTÈRE DU TRAVAIL ET DE LA PRÉVOYANCE SOCIALE

DÉCRET du 1er octobre 1913
réglementant l'emploi de la céruse dans les travaux de peinture en bâtiment

ARTICLE PREMIER. — La céruse ne peut être employée qu'à l'état de pâte dans les ateliers de peinture en bâtiment.

ART. 2. — Il est interdit d'employer directement avec la main les produits à base de céruse dans les travaux de peinture en bâtiment.

ART. 3. — Le travail à sec au grattoir et le ponçage à sec des peintures au blanc de céruse sont interdits.

ART. 4. — Dans les travaux de grattage et de ponçage humides, et généralement dans tous les travaux de peinture à la céruse, les chefs d'industrie devront mettre à disposition de leurs ouvriers des surtouts exclusivement affectés au travail, et en prescriront l'emploi. Ils assureront le bon entretien et le lavage fréquent de ces vêtements.

Les objets nécessaires aux soins de propreté seront mis à la disposition des ouvries sur le lieu même du travail.

Les engins et outils seront tenus en bon état de propreté, leur nettoyage sera effectué sans grattage à sec.

ART. 5. — Les chefs d'industrie seront tenus d'afficher le texte du présent dans les locaux où se font le recrutement et la paye des ouvriers.

Fait à Paris, le 1er octobre 1913.

RAYMOND POINCARÉ.

PAR LE PRÉSIDENT DE LA RÉPUBLIQUE :
Le Ministre du Travail et de la Prévoyance sociale,
HENRY CHÉRON.

Pourquoi l'emploi de la céruse est-il interdit !

Quelques-unes seulement des raisons
de cette interdiction

1. — PARALYSIE DES EXTENSEURS DES MAINS

2. — PARALYSIE PRESQUE GÉNÉRALE DU PÈRE
IDIOTIE DES ENFANTS

3. — PARALYSIE DES EXTENSEURS DES MAINS

4. — PARALYSIE DES EXTENSEURS DES BRAS

5. — PARALYSIE PRESQUE GÉNÉRALISÉE

6. — PARALYSIE DES EXTENSEURS DES MAINS

7. — PARALYSIE SATURNINE DES QUATRE
EXTRÉMITÉS

8. — PARALYSIE DU BRAS DROIT

ATTESTATIONS MÉDICALES

1

Les ravages exercés par le plomb sur les peintres sont multiples : la colique de plomb, la goutte, l'artério-sclérose, la myocardite scléreuse, la néphrite, la paralysie, l'hystérie, l'encéphalopathie, etc., etc., peuvent être la conséquence de son action.

Si la colique de plomb n'est qu'atrocement douloureuse, la paralysie et l'hystérie seulement sont capables de faire, l'une des estropriés, l'autre d'incurables piliers d'hôpital. L'encéphalopathie, la néphrite, la myocardite, l'artério-sclérose amènent très fréquemment la mort.

Poison du sang, poison des vaisseaux, poison des nerfs et du cerveau, poison des viscères, poison de tout l'organisme, le plomb, comme l'alcool, doit être visé par l'hygiéniste. Il n'en faut plus.

Signé : Professeur GILBERT,
Médecin-chef à l'hôpital Broussais.

2

Sur 141 grossesses survenues, le père étant saturnin, j'ai constaté 82 avortements, 5 morts nés, 4 naissances avant terme ; sur les 50 enfants vivants, 20 sont morts dans le courant de la première année, 15 autres de 1 à 3 ans.

CONSTANTIN PAUL.

3

L'anémie, les paralysies, la mort par néphrite et cachexie, telles sont les conséquences de l'empoisonnement par la céruse.

L'intérêt de sa suppression est si urgent qu'il est difficile de comprendre comment une telle question a pu entrer en discussion.

Chaque journée de temporisation constitue une série de crimes dans une classe intéressante de travailleurs, qui ont trop longtemps payé de leur vie la richesse de quelques-uns.

Signé : Docteur GUIART,
Professeur agrégé à la Faculté de médecine de Paris.

4

Je vois tous les ans un certain nombre de peintres atteints de divers accidents saturnins, surtout de coliques, de paralysies et de néphrites. J'en avais un en traitement dans mes salles, il y a quelques jours encore, et j'ai connaissance de deux malades atteints de coliques et d'anémie, actuellement soignés dans les services de mes collègues.